Impressum
Verlag: BABADADA GmbH, Nedderfeld 112 , 22529 Hamburg
Geschäftsführer / Verlagsleitung: Harald Hof
Druck: Books on Demand GmbH, In de Tarpen 42, 22848 Norderstedt

Imprint
Publisher: BABADADA GmbH, Nedderfeld 112 , 22529 Hamburg, Germany
Managing Director / Publishing direction: Harald Hof
Print: Books on Demand GmbH, In de Tarpen 42, 22848 Norderstedt

skola
school

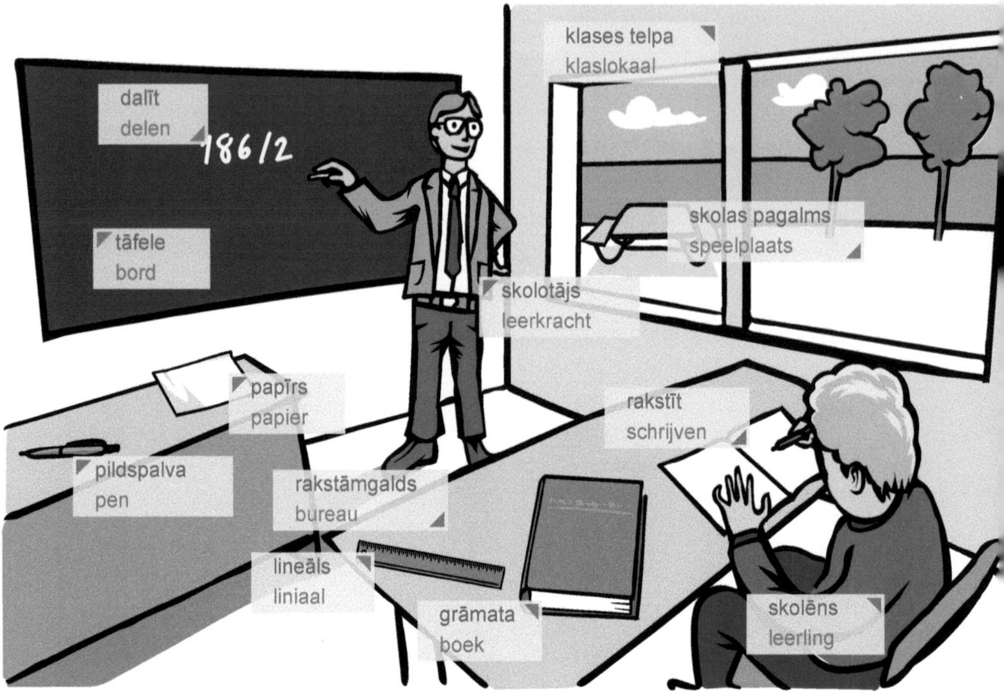

klases telpa
klaslokaal
dalīt
delen
186/2
tāfele
bord
skolas pagalms
speelplaats
skolotājs
leerkracht
papīrs
papier
rakstīt
schrijven
pildspalva
pen
rakstāmgalds
bureau
lineāls
liniaal
grāmata
boek
skolēns
leerling

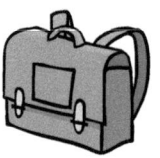

skolas soma

schooltas

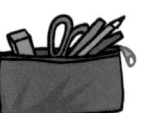

penālis

pennenzak

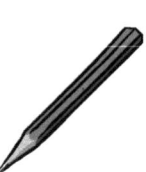

zīmulis

potlood

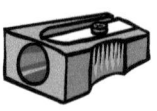

zīmuļu asināmais

puntenslijper

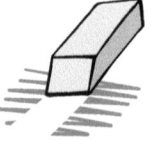

dzēšgumija

gom

zīmēšanas bloks

tekenblok

zīmējums
tekening

ota
verfborstel

krāsas
verfdoos

šķēres
schaar

līme
lijm

darba burtnīca
werkboek

mājas darbs
huiswerk

12

skaitlis
nummer

2+2

saskaitīt
optellen

5-2

atņemt
aftrekken

2×2

reizināt
vermenigvuldigen

rēķināt
rekenen

burts
letter

**ABCDEFG
HIJKLMN
OPQRSTU
VWXYZ**

alfabēts
alfabet

hello

vārds
woord

teksts

tekst

lasīt

Lezen

krīts

krijt

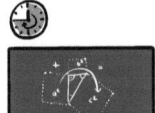

mācību stunda

les

žurnāls

klassenboek

eksāmens

examen

liecība

certificaat

skolas forma

schooluniform

izglītība

onderwijs

enciklopēdija

encyclopedie

universitāte

universiteit

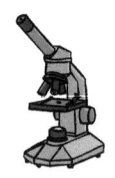

mikroskops

microscoop

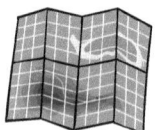

karte

kaart

papīrgrozs

papiermand

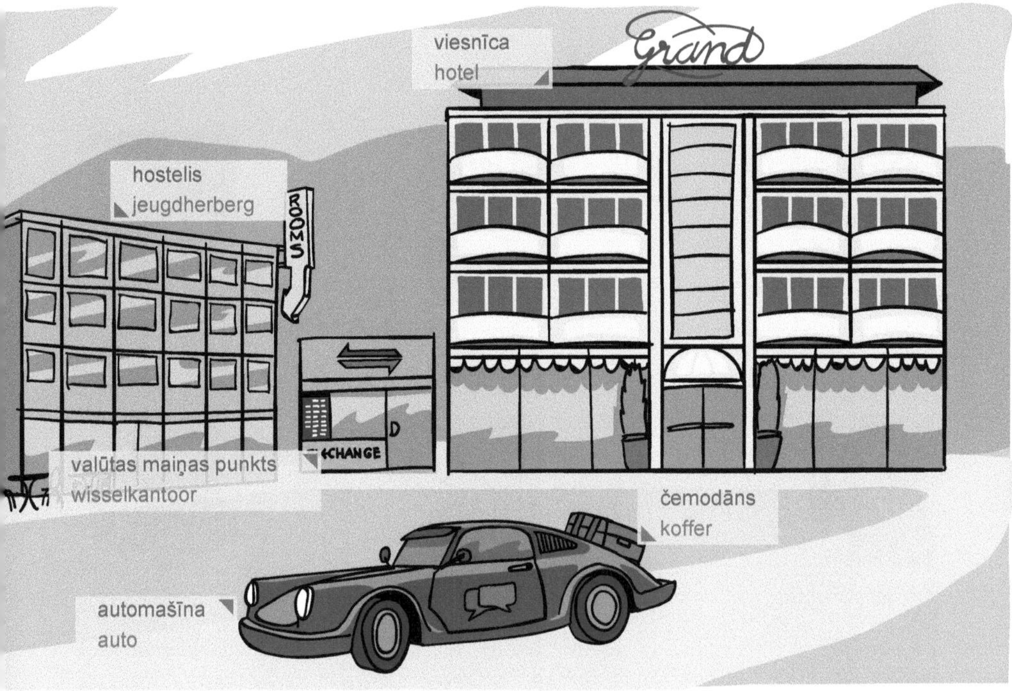

viesnīca
hotel
Grand
hostelis
jeugdherberg
ROOMS
valūtas maiņas punkts
wisselkantoor
EXCHANGE
čemodāns
koffer
automašīna
auto

Valoda
Taal

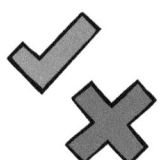

jā / nē
ja / nee

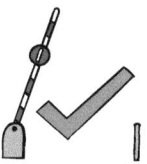

Okay
oké

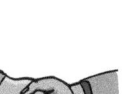

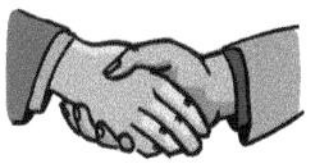

Sveiki!
hallo

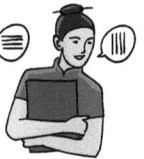

tulks
vertaler

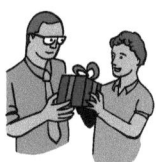

paldies
bedankt

Cik maksā...?

Hoeveel kost ...?

Es nesaprotu

Ik begrijp het niet

problēma

probleem

Labvakar!

Goedenavond!

Labrīt!

Goedemorgen!

Ar labu nakti!

Goedenavond!

Uz redzēšanos

Tot ziens

virziens

richting

bagāža

bagage

soma

zak

mugursoma

rugzak

viesis

gast

istaba

kamer

guļammaiss

slaapzak

telts

tent

tūrisma informācija

toeristeninformatie

pludmale

strand

kredītkarte

kredietkaart

brokastis

ontbijt

pusdienas

lunch

vakariņas

avondeten

biļete

ticket

lifts

lift

pastmarka

postzegel

robeža

grens

muita

douane

vēstniecība

ambassade

vīza

visum

pase

paspoort

transports
transport

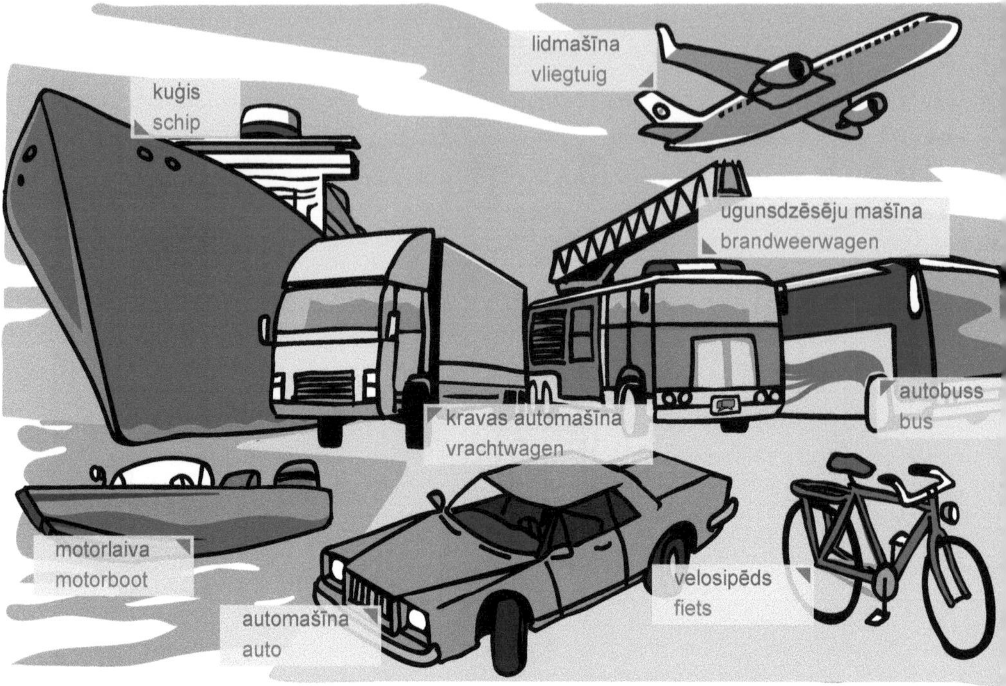

lidmašīna
vliegtuig
kuģis
schip
ugunsdzēsēju mašīna
brandweerwagen
autobuss
bus
kravas automašīna
vrachtwagen
motorlaiva
motorboot
velosipēds
fiets
automašīna
auto

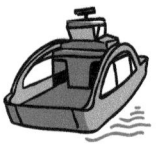

prāmis
veerboot

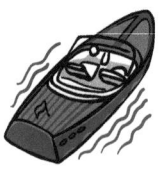

laiva
boot

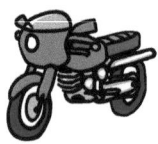

motocikls
motor

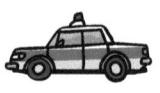

policijas automašīna
politiewagen

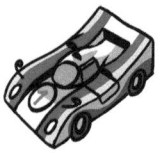

sacīkšu automobilis
racewagen

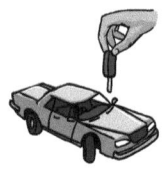

nomas auto
huurauto

auto koplietošana
carpoolen

evakuators
sleepwagen

atkritumu mašīna
vuilniswagen

dzinējs
motor

benzīns
benzine

degvielas uzpildes stacija
benzinestation

ceļa zīme
verkeersbord

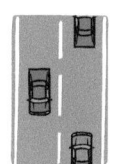

satiksme
verkeer

sastrēgums
file

stāvvieta
parkeerplaats

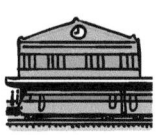

dzelzceļa stacija
station

sliedes
sporen

vilciens
trein

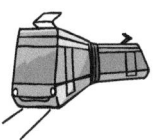

tramvajs
tram

vagons
wagon

helikopters
helikopter

lidosta
luchthaven

tornis
toren

pasažieris
passagier

konteiners
container

kaste
karton

ratiņi
kar

grozs
mand

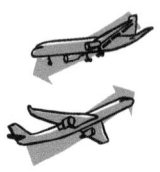

pacelties / nosēsties
opstijgen / landen

pilsēta
stad

ciems
dorp

pilsētas centrs
stadscentrum

māja
huis

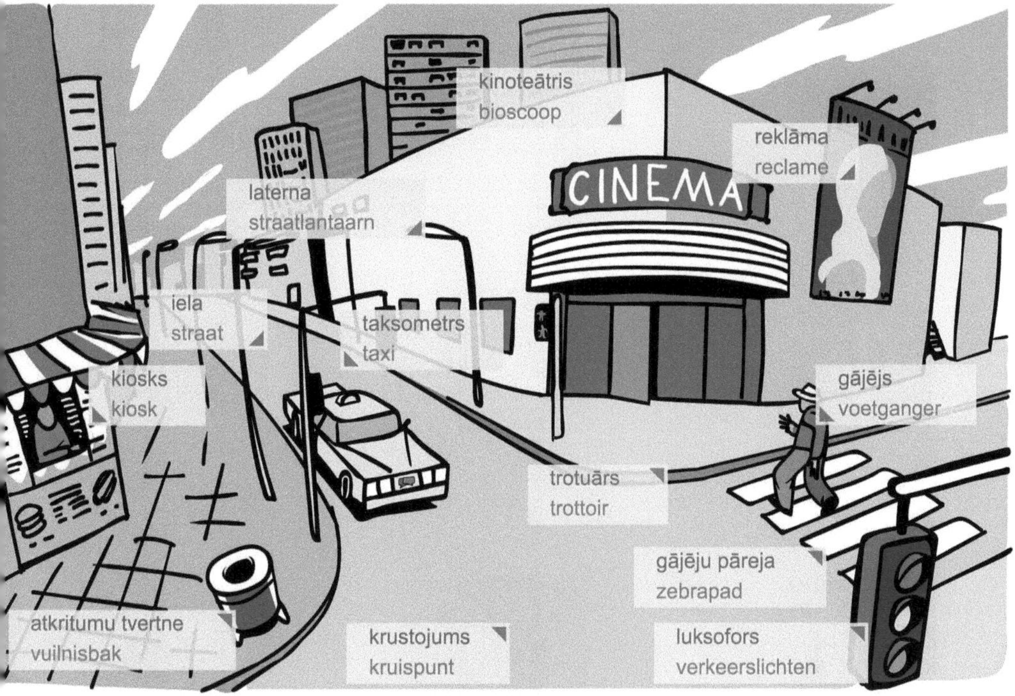

kinoteātris
bioscoop
reklāma
reclame
laterna
straatlantaarn
iela
straat
taksometrs
taxi
kiosks
kiosk
gājējs
voetganger
trotuārs
trottoir
gājēju pāreja
zebrapad
atkritumu tvertne
vuilnisbak
krustojums
kruispunt
luksofors
verkeerslichten
CINEMA

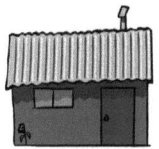

būda

hut

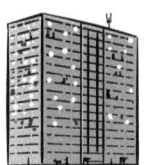

dzīvoklis

woning

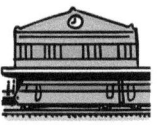

dzelzceļa stacija

station

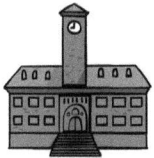

rātsnams

stadshuis

MUSEUM

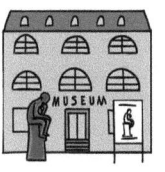

muzejs

museum

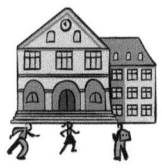

skola

school

universitāte

universiteit

banka

bank

slimnīca

ziekenhuis

viesnīca

hotel

aptieka

apotheek

birojs

kantoor

grāmatnīca

boekwinkel

veikals

winkel

ziedu veikals

bloemenwinkel

lielveikals

supermarkt

tirgus

markt

tirdzniecības centrs

warenhuis

zivju tirgotājs

vishandelaar

tirdzniecības centrs

winkelcentrum

osta

haven

parks
park

sols
bank

tilts
brug

kāpnes
trap

metro
metro

tunelis
tunnel

autobusa pieturvieta
bushalte

bārs
bar

restorāns
restaurant

pastkastīte
brievenbus

ielas nosaukuma plāksne
straatnaambord

stāvlaika skaitītājs
parkeermeter

zooloģiskais dārzs
zoo

peldbaseins
zwembad

mošeja
moskee

zemnieku saimniecība

boerderij

vides piesārņojums

milieuverontreiniging

kapsēta

kerkhof

baznīca

kerk

spēļu laukums

speelplaats

templis

tempel

ainava
landschap

lapa
blad

ceļrādis
wegwijzer

ceļš
weg

pļava
weide

akmens
steen

koks
boom

ceļotājs
wandelaar

upe
rivier

zāle
gras

puķe
bloem

ieleja
vallei

kalns
heuvel

ezers
meer

mežs
bos

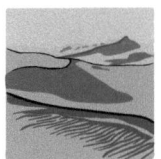

tuksnesis
woestijn

vulkāns
vulkaan

pils
kasteel

varavīksne
regenboog

sēne
paddenstoel

palma
palmboom

moskīts
mug

muša
vlieg

skudra
mier

bite
bijl

zirneklis
spin

vabole

kever

varde

kikker

vāvere

eekhoorn

ezis

egel

zaķis

haas

pūce

uil

putns

vogel

gulbis

zwaan

meža cūka

wild zwijn

briedis

hert

alnis

eland

aizsprosts

dam

vēja ģenerators

windturbine

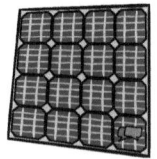

saules baterija

zonnepaneel

klimats

klimaat

restorāns
restaurant

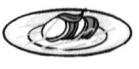

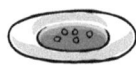

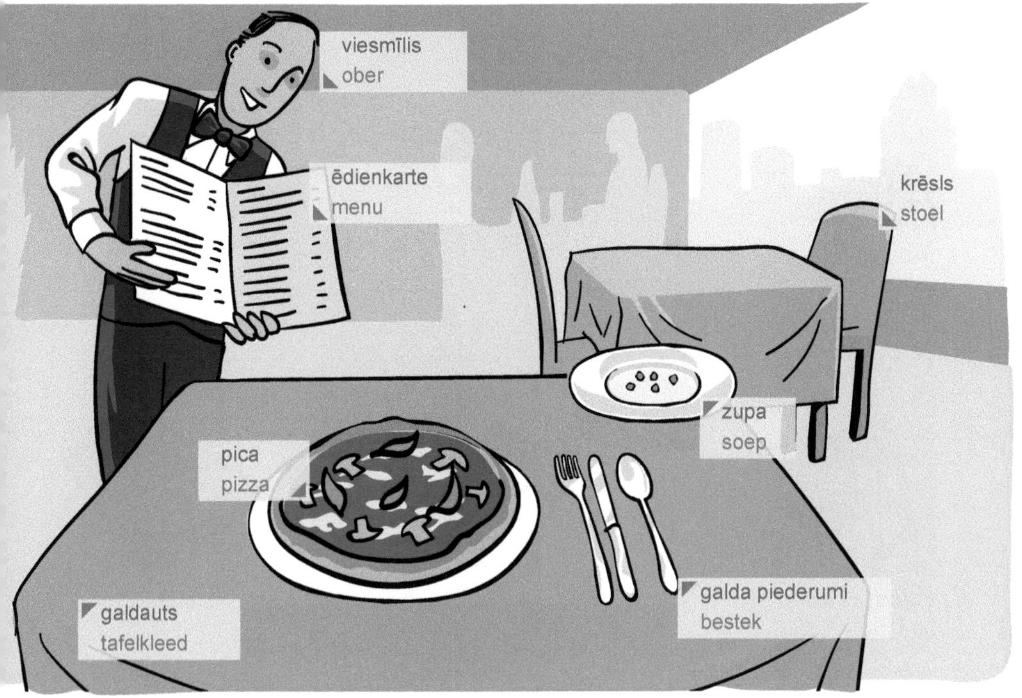

viesmīlis
ober
ēdienkarte
menu
krēsls
stoel
zupa
soep
pica
pizza
galda piederumi
bestek
galdauts
tafelkleed

uzkoda
voorgerecht

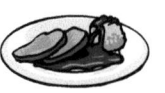

pamatēdiens
hoofdgerecht

deserts
nagerecht

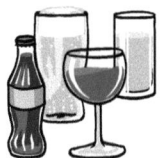

dzērieni
drankjes

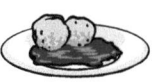

ēdiens
eten

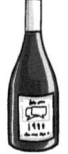

pudele
fles

ātrās uzkodas

fastfood

ielu uzkodas

street food

tējkanna

theepot

cukurtrauks

suikerpot

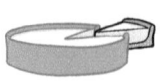

porcija

portie

espresso kafijas automāts

espressomachine

bāra krēsls

kinderstoel

rēķins

rekening

paplāte

dienblad

nazis

mes

dakša

vork

karote

lepel

tējkarote

theelepel

salvete

serviette

glāze

glas

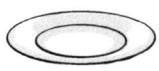

šķīvis	zupas šķīvis	apakštase
bord	soepbord	schoteltje

mērce	sāls trauciņš	piparu dzirnaviņas
saus	zoutvatje	pepermolen

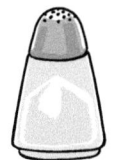

etiķis	eļļa	garšvielas
azijn	olie	kruiden

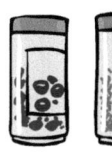

kečups	sinepes	majonēze
ketchup	mosterd	mayonaise

lielveikals
supermarkt

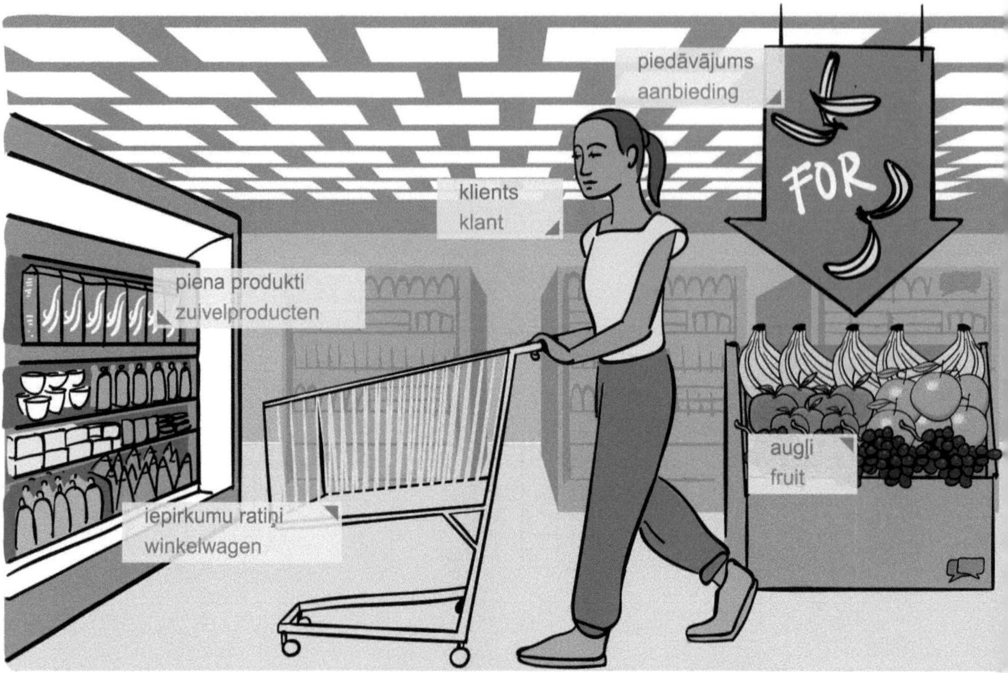

piedāvājums
aanbieding
FOR
klients
klant
piena produkti
zuivelproducten
augļi
fruit
iepirkumu ratiņi
winkelwagen

BUTCHERS

kautuve

slagerij

BAKERY

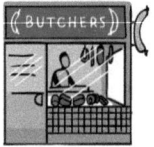

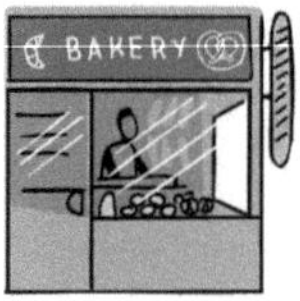

maizes veikals

bakkerij

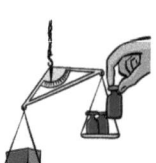

svērt

wegen

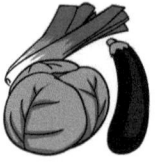

dārzeņi

groenten

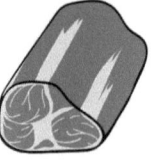

gaļa

vlees

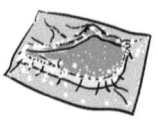

saldēti produkti

diepvriesvoedsel

aukstās gaļas uzkodas

charcuterie

konservi

conserven

pulveris

waspoeder

saldumi

snoep

mājsaimniecības preces

huishoudproducten

tīrīšanas līdzeklis

schoonmaakproducten

pārdevēja

verkoopster

kase

kassa

kasieris

kassier

iepirkumu saraksts

boodschappenlijstje

darba laiks

openingstijden

maks

portefeuille

kredītkarte

kredietkaart

soma

tas

maisiņš

plastieken zakje

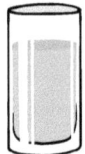

ūdens

water

sula

sap

piens

melk

kola

cola

vīns

wijn

alus

bier

alkohols

alcohol

kakao

cacao

tēja

thee

kafija

koffie

espresso

espresso

kapučīno

cappuccino

banāns

banaan

ābols

appel

apelsīns

sinaasappel

melone

meloen

citrons

citroen

burkāns

wortel

ķiploks

knoflook

bambuss

bamboe

sīpols

ajuin

sēne

champignon

rieksti

noten

makaroni

noodles

spageti

spaghetti

rīsi

rijst

salāti

salade

frī kartupeļi

frieten

cepti kartupeļi

gebakken aardappelen

pica

pizza

hamburgers

hamburger

sviestmaize

sandwich

šnicele

kalfslapje

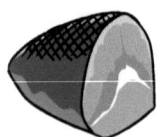

šķiņķis

ham

salami

salami

desa

worst

vista

kip

cepetis

braden

zivs

vis

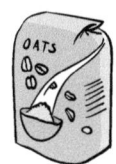

auzu pārslas

havervlokken

muslis

muesli

brokastu pārslas

cornflakes

milti

bloem

radziņš

croissant

brokastu maizītes

pistolet

maize

brood

tostermaize

toast

cepumi

koekjes

sviests

boter

biezpiens

kwark

kūka

taart

ola

ei

cepta ola

spiegelei

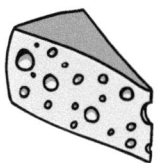

siers

kaas

saldējums

ijs

cukurs

suiker

medus

honing

marmelāde

confituur

riekstu krēms

choco

karijs

curry

ēdiens - eten

zemnieka māja
boerderij

šķūnis
schuur

salmu rullis
strobaal

lauks
veld

zirgs
paard

piekabe
aanhangwagen

traktors
tractor

kumeļš
veulen

ēzelis
ezel

aita
schaap

jērs
lam

kaza
geit

govs
koe

teļš
kalf

cūka
varken

sivēns
biggetje

bullis
stier

zoss
gans

pīle
eend

cālis
kuiken

vista
kip

gailis
haan

žurka
rat

kaķis
kat

pele
muis

vērsis
os

suns
hond

suņa būda
hondenhok

dārza šļūtene
tuinslang

lejkanna
gieter

izkapts
zeis

arkls
ploeg

sirpis
....
sikkel

kaplis
....
schoffel

mēslu dakša
....
hooivork

cirvis
....
bijl

ķerra
....
kruiwagen

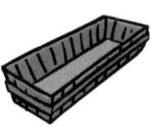

sile
....
trog

piena kanna
....
melkkan

maiss
....
zak

žogs
....
hek

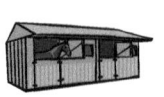

kūts
....
stal

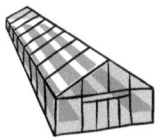

siltumnīca
....
broeikas

augsne
....
bodem

sēklas
....
zaad

mēslojums
....
mest

kombains
....
maaidorser

novākt ražu

oogsten

raža

oogst

jamss

yam

kvieši

tarwe

soja

soja

kartupelis

aardappel

kukurūza

maïs

rapsis

koolzaad

augļu koks

fruitboom

manioka

maniok

labība

graan

māja
huis

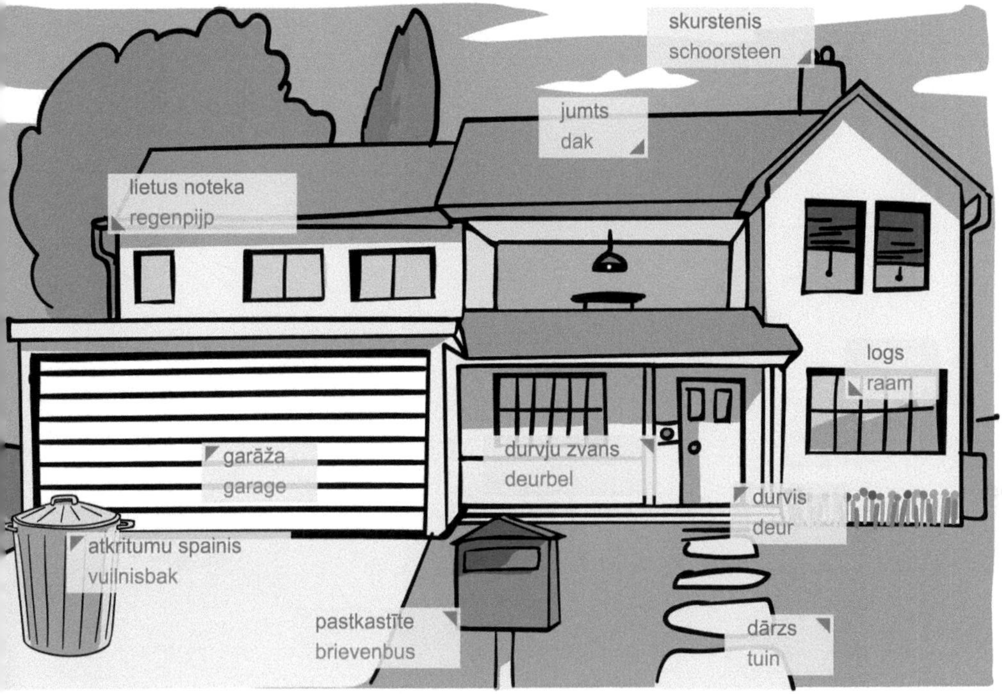

skurstenis
schoorsteen
jumts
dak
lietus noteka
regenpijp
logs
raam
garāža
garage
durvju zvans
deurbel
durvis
deur
atkritumu spainis
vuilnisbak
pastkastīte
brievenbus
dārzs
tuin

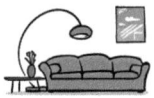

viesistaba

woonkamer

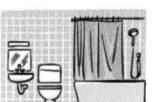

vannas istaba

badkamer

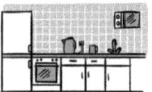

virtuve

keuken

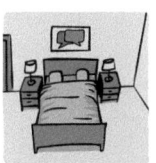

guļamistaba

slaapkamer

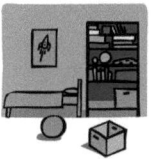

bērnu istaba

kinderkamer

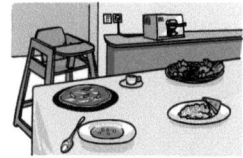

ēdamistaba

eetkamer

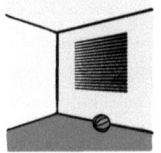

grīda

vloer

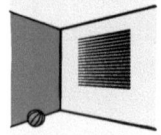

siena

muur

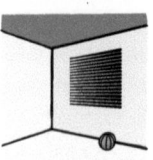

griesti

plafond

pagrabs

kelder

sauna

sauna

balkons

balkòn

terase

terras

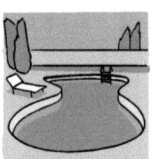

baseins

zwembad

zāles pļāvējs

grasmaaier

gultas veļa

dekbedovertrek

sega

dekbed

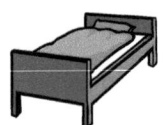

gulta

bed

slota

bezem

spainis

emmer

slēdzis

schakelaar

viesistaba
woonkamer

tapetes
behangpapier
attēls
foto
lampa
lamp
plaukts
schap
skapis
kast
televizors
televisie
kamīns
open haard
puķe
bloem
spilvens
kussen
dīvāns
sofa
vāze
vaas
tālvadības pults
afstandsbediening

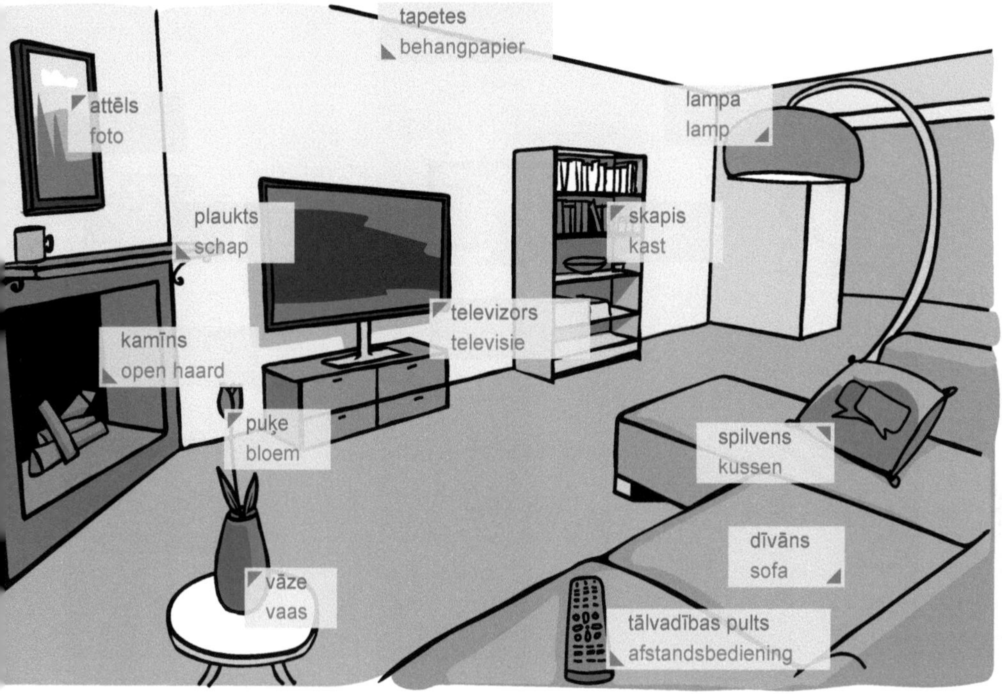

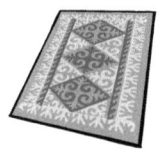

paklājs

mat

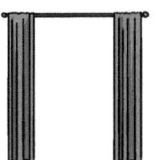

aizkars

gordijn

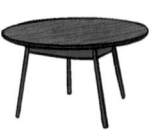

galds

tafel

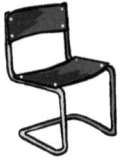

krēsls

stoel

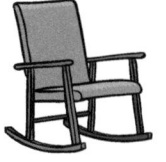

šūpuļkrēsls

schommelstoel

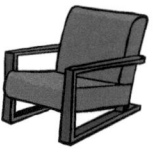

atpūtas krēsls

fauteuil

grāmata

boek

sega

deken

dekorācija

decoratie

malka

brandhout

filma

film

mūzikas centrs

stereo-installatie

atslēga

sleutel

avīze

krant

glezna

schilderij

plakāts

poster

radio

radio

pierakstu blociņš

notitieboekje

putekļu sūcējs

stofzuiger

kaktuss

cactus

svece

kaars

virtuve
keuken

ledusskapis
koelkast
mikroviļņu krāsns
microgolfoven
virtuves svari
keukenweegschaal
tosteris
broodrooster
tīrīšanas līdzekļi
afwasmiddel
cepeškrāsns
oven
saldēšanas kamera
vriesvak
atkritumu spainis
vuilnisbak
trauku mazgājamā mašīna
vaatwasmachine

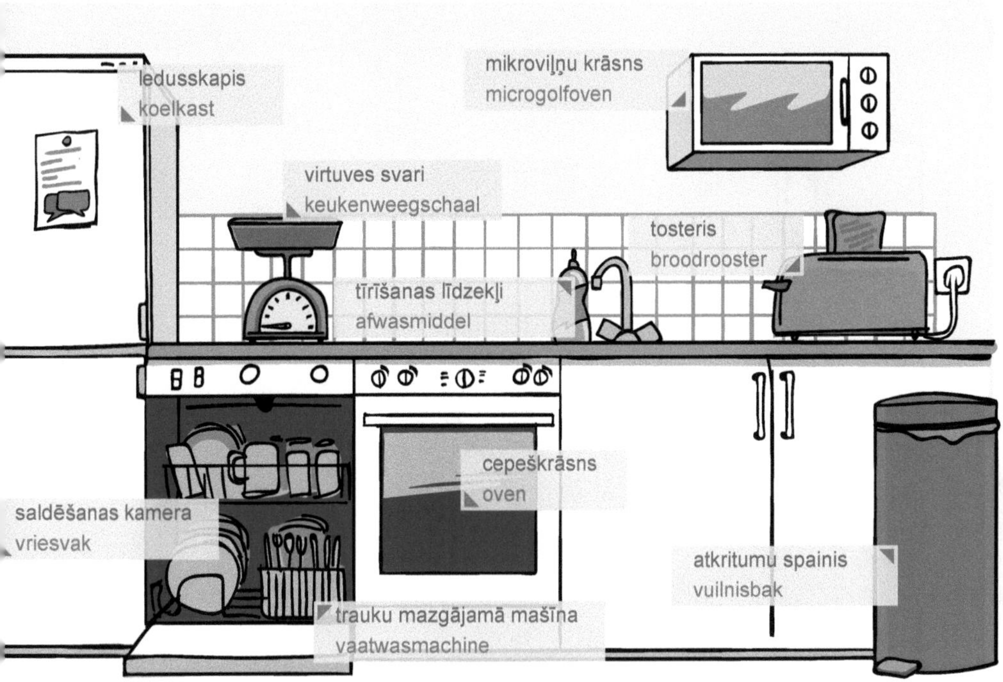

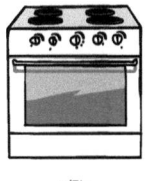

plīts

fornuis

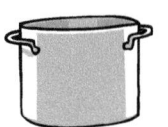

pods

pot

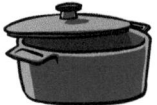

katls

gietijzeren pot

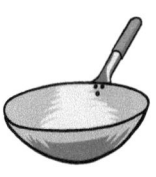

Wok panna

wok / kadai

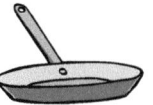

panna

pan

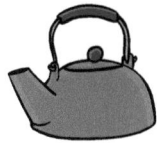

elektriskā tējkanna

waterkoker

tvaika katls

stoomkoker

cepešpanna

bakplaat

trauki

servies

krūze

mok

bļoda

kom

irbulīši

eetstokjes

kauss

pollepel

lāpstiņa

spatel

putošanas slotiņa

garde

sietiņš

vergiet

siets

zeef

rīve

rasp

piesta

mortier

grilēt

barbecue

atklāts pavards

haardvuur

dēlis

snijplank

mīklas rullis

deegrol

korķu viļķis

kurkentrekker

bundža

blik

konservu nazis

blikopener

virtuves cimdi

pannenlap

izlietne

gootsteen

birste

borstel

sūklis

spons

mikseris

blender

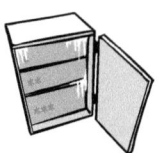

saldētava

vriezer

bērna pudelīte

papfles

ūdenskrāns

kraan

vannas istaba
badkamer

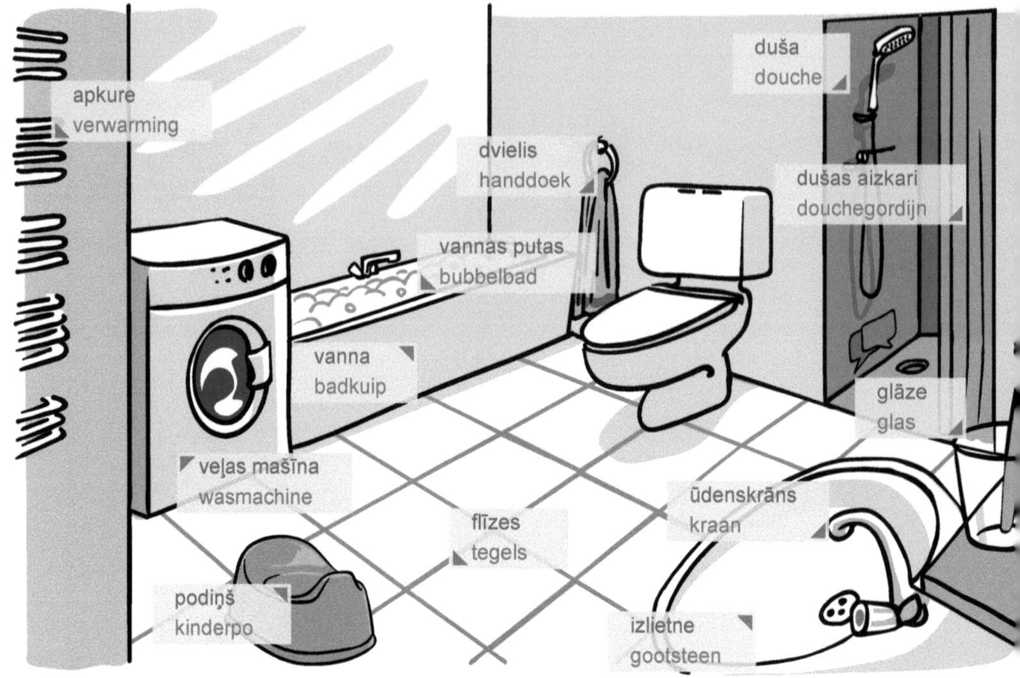

duša
douche
apkure
verwarming
dvielis
handdoek
dušas aizkari
douchegordijn
vannas putas
bubbelbad
vanna
badkuip
glāze
glas
veļas mašīna
wasmachine
ūdenskrāns
kraan
flīzes
tegels
podiņš
kinderpo
izlietne
gootsteen

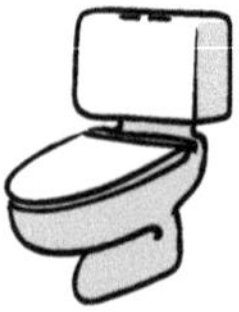

tualetes pods

toilet

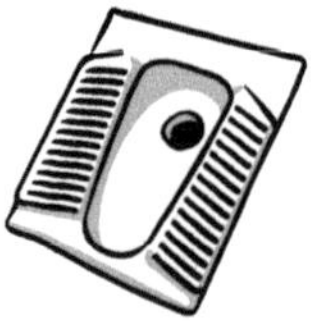

Āzijas tipa tualete

hurktoilet

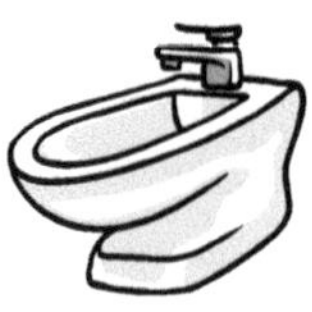

bidē

bidet

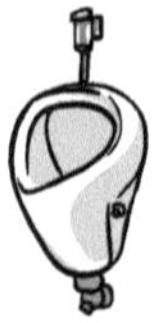

pisuārs

urinoir

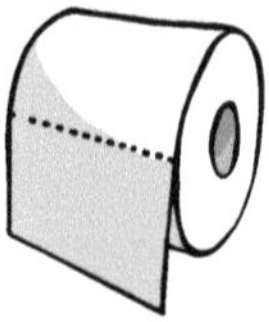

tualetes papīs

toiletpapier

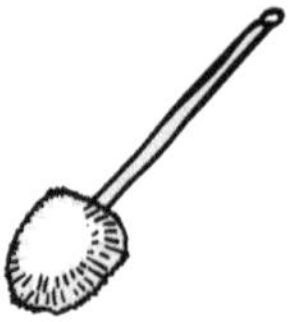

tualetes birste

toiletborstel

zobu birste

tandenborstel

zobu pasta

tandpasta

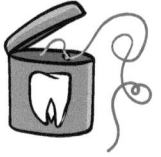

zobu diegs

flosdraad

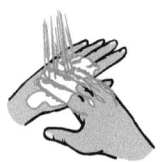

mazgāt

wassen

rokas duša

handdouche

duša

bidethanddouche

bļoda

waskom

muguras mazgāšanas birste

rugborstel

ziepes

zeep

dušas želeja

douchegel

šampūns

shampoo

mazgāšanas drāna

washandje

noteka

afvoer

krēms

crème

dezodorants

deodorant

spogulis
spiegel

spogulītis
handspiegel

skuveklis
scheermes

skūšanās putas
scheerschuim

losjons pēc skūšanās
aftershave

ķemme
kam

matu suka
borstel

matu fēns
haardroger

matu laka
haarlak

grima komplekts
make-up

lūpu krāsa
lippenstift

nagulaka
nagellak

vate
watten

šķērītes
nagelknipper

smaržas
parfum

kosmētikas maks
toilettas

ķeblītis
kruk

svari
weegschaal

halāts
badjas

tīrīšanas cimdi
latex handschoenen

tampons
tampon

pakete
maandverband

ķīmiskā tualete
chemisch toilet

bērnu istaba
kinderkamer

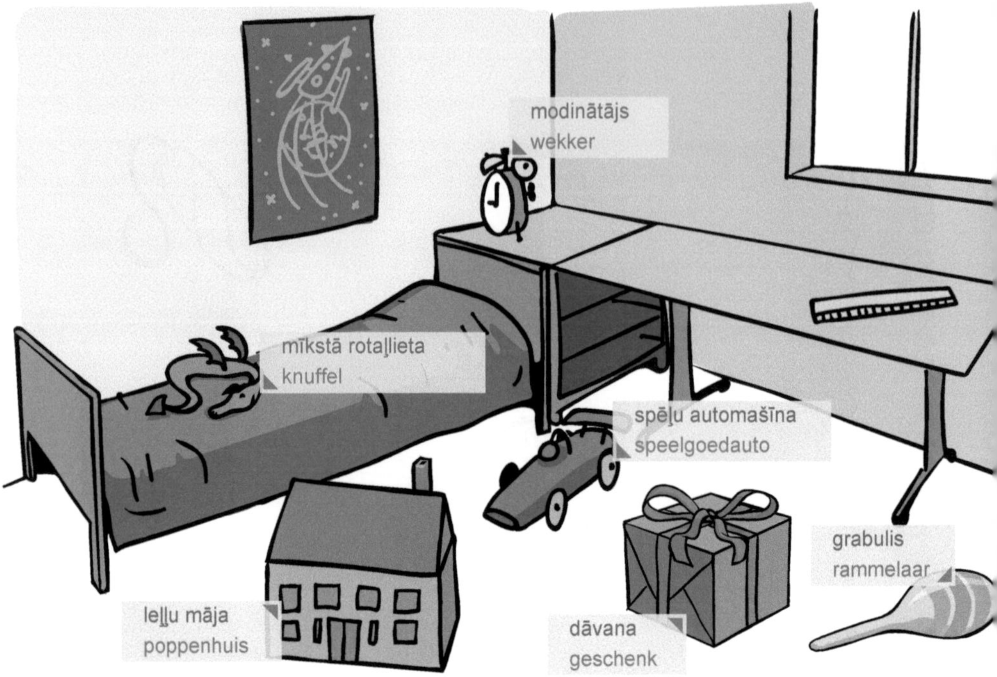

modinātājs
wekker
mīkstā rotaļlieta
knuffel
spēļu automašīna
speelgoedauto
grabulis
rammelaar
leļļu māja
poppenhuis
dāvana
geschenk

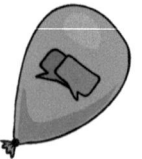

balons

ballon

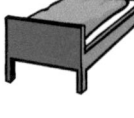

gulta

bed

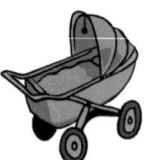

bērnu ratiņi

kinderwagen

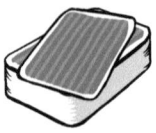

kārtis

spel kaarten

puzle

puzzel

SUPER
MEGA

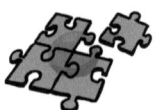

komikss

stripboek

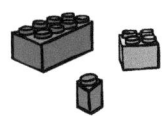

LEGO klucīši

legoblokjes

klucīši

blokken

varoņu figūra

actiefiguur

rāpulītis

kruippakje

lidojošais šķīvītis

frisbee

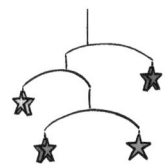

muzikālais karuselis

mobiel

galda spēle

bordspel

metamais kauliņš

dobbelsteen

rotaļu dzelzceļš

modelspoorweg

māneklis

fopspeen

ballīte

feest

bilžu grāmata

prentenboek

bumba

bal

lelle

pop

spēlēt

spelen

smilšu kaste

zandbak

šūpoles

schommel

rotaļlietas

speelgoed

spēļu konsole

spelconsole

trīsritenis

driewieler

plīša lācītis

knuffelbeer

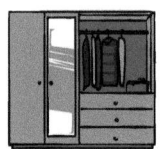

drēbju skapis

kleerkast

apģērbs
kleding

īszeķes

sokken

zeķes

kousen

zeķbikses

maillot

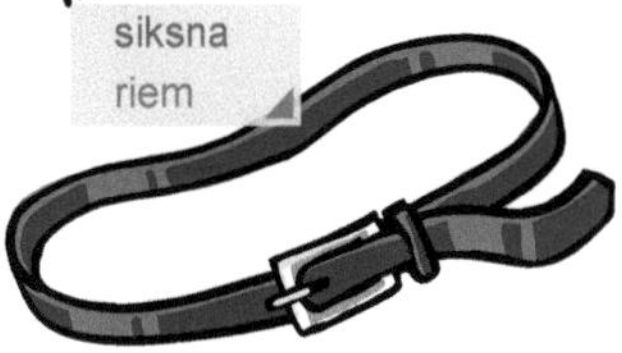

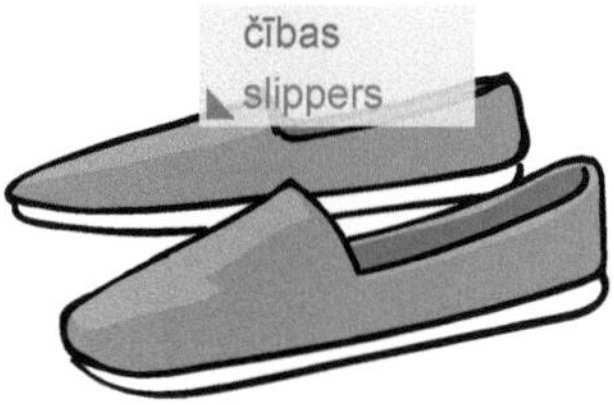

šalle
sjaal

lietussargs
paraplu

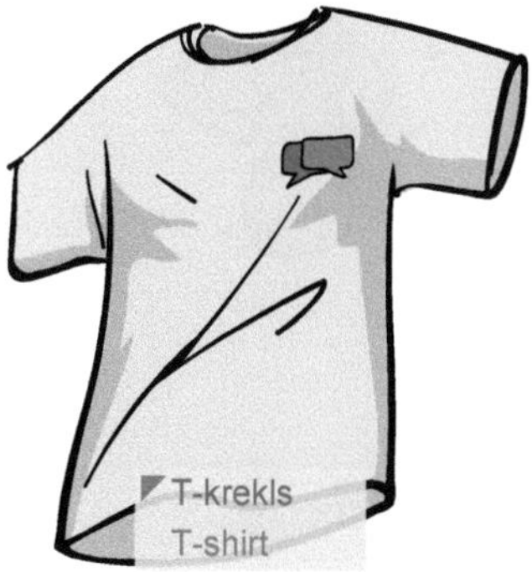

siksna
riem

T-krekls
T-shirt

zābaks
laarzen

čības
slippers

botas
sneakers

sandales
....
sandalen

kurpes
....
schoenen

gumijas zābaki
....
rubberlaarzen

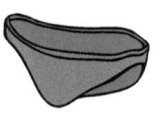

apakšbikses
....
onderbroek

krūšturis
....
beha

apakškrekls
....
onderhemd

apģērbs - kleding   45

bodijs
lichaam

bikses
broek

džinsi
jeans

svārki
rok

blūze
blouse

krekls
hemd

pulovers
trui

džemperis
capuchontrui

žakete
blazer

jaka
jas

mētelis
jas

lietus mētelis
regenjas

kostīms
kostuum

kleita
jurk

kāzu kleita
trouwjurk

uzvalks

pak

naktskrekls

nachthemd

pidžama

pyjama

sari

sari

lakats

hoofddoek

turbāns

tulband

burka

boerka

kaftāns

kaftan

abaja

abaya

peldkostīms

badpak

peldbikses

zwembroek

šorti

short

treniņtērps

trainingspak

priekšauts

schort

cimdi

handschoenen

poga
knoop

brilles
bril

rokassprādze
armband

kaklarota
ketting

gredzens
ring

auskars
oorbel

cepure
pet

drēbju pakaramais
kapstok

platmale
hoed

kaklasaite
das

rāvējslēdzējs
rits

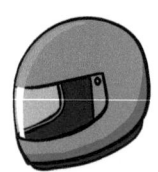

ķivere
helm

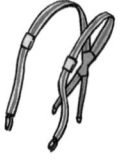

bikšturi
bretellen

skolas forma
schooluniform

uniforma
uniform

priekšautiņš
slabbetje

māneklis
fopspeen

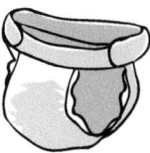

autiņbiksītes
luier

birojs
kantoor

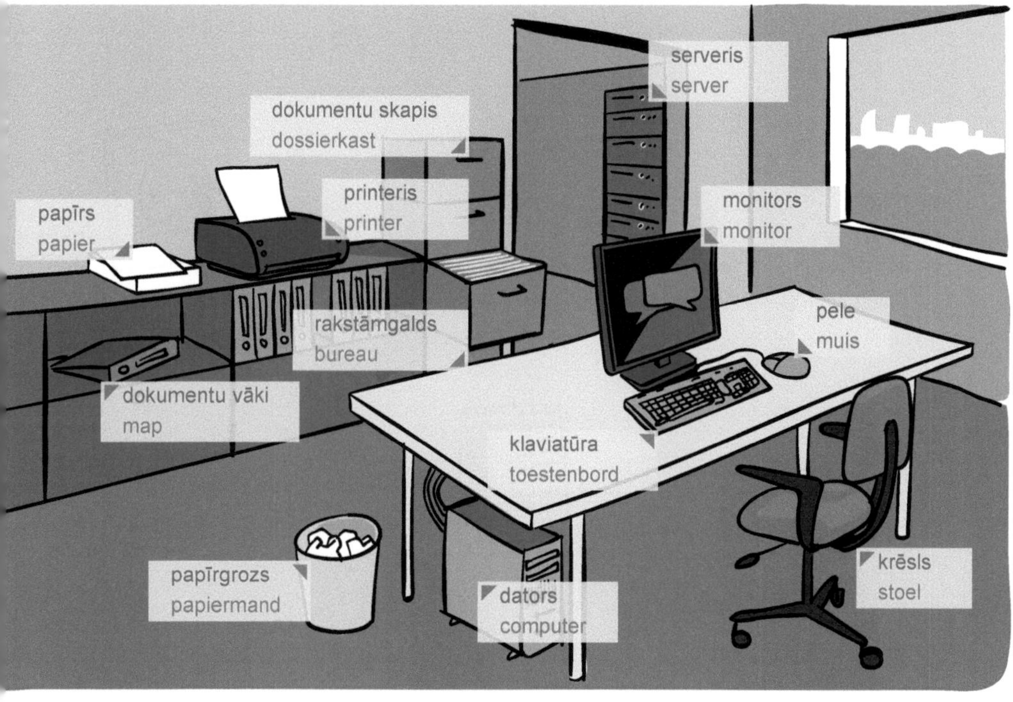

serveris
server

dokumentu skapis
dossierkast

printeris
printer

papīrs
papier

monitors
monitor

rakstāmgalds
bureau

pele
muis

dokumentu vāki
map

klaviatūra
toestenbord

papīrgrozs
papiermand

dators
computer

krēsls
stoel

kafijas krūze
koffiemok

kalkulators
rekenmachine

internets
internet

portatīvais dators
laptop

vēstule
brief

ziņa
bericht

mobilais tālrunis
gsm

tīkls
netwerk

kopētājs
kopieerapparaat

programmatūra
software

telefons
telefoon

rozete
stopcontact

faksa aparāts
fax

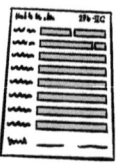

formulārs
formulier

dokuments
document

pirkt
kopen

samaksāt
betalen

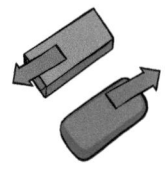

tirgot
handelen

nauda
geld

USD

dolārs
dollar

EUR

eiro
euro

JPY

jēna
yen

RUB

rublis
roebel

CHF

franks
Zwitserse frank

CNY

juaņa renminbi
Chinese renminbi

INR

rūpija
roepie

bankomāts
geldautomaat

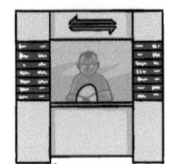

valūtas maiņas punkts

wisselkantoor

zelts

goud

sudrabs

zilver

nafta

olie

enerģija

energie

cena

prijs

līgums

contract

nodoklis

belasting

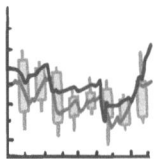

akcija

aandeel

strādāt

werken

darbinieks

werknemer

darba devējs

werkgever

fabrika

fabriek

veikals

winkel

policists
politieagent

ugunsdzēsējs
brandweerman

pavārs
kok

ārsts
dokter

pilots
piloot

dārznieks

tuinman

galdnieks

timmerman

šuvēja

naaister

tiesnesis

rechter

ķīmiķis

chemicus

aktieris

acteur

autobusa vadītājs

buschauffeur

taksometra vadītājs

taxichauffeur

zvejnieks

visser

apkopēja

schoonmaakster

jumiķis

dakdekker

viesmīlis

ober

mednieks

jager

gleznotājs

schilder

maiznieks

bakker

elektriķis

elektricien

celtnieks

bouwvakker

inženieris

ingenieur

miesnieks

slager

skārdnieks

loodgieter

pastnieks

postbode

karavīrs

soldaat

arhitekts

architect

kasieris

kassier

florists

bloemist

frizieris

kapper

konduktors

conducteur

mehāniķis

mecanicien

kapteinis

kapitein

zobārsts

tandarts

zinātnieks

wetenschapper

rabīns

rabbijn

imāms

imam

mūks

monnik

mācītājs

geestelijke

instrumenti
werktuigen

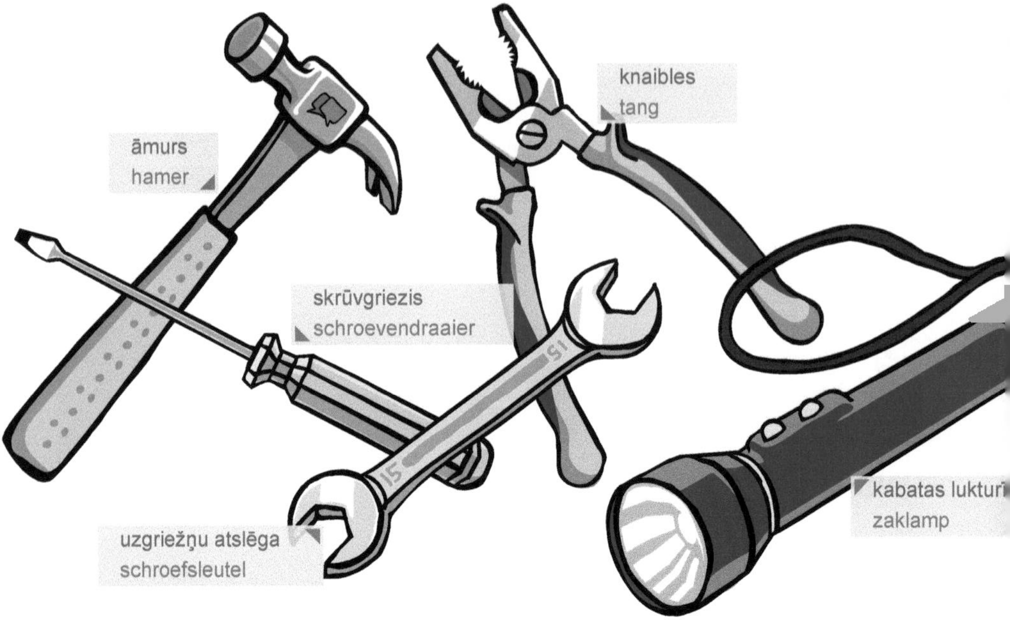
knaibles
tang
āmurs
hamer
skrūvgriezis
schroevendraaier
kabatas lukturi
zaklamp
uzgriežņu atslēga
schroefsleutel

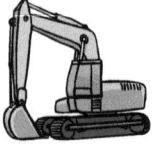

ekskavators

graafmachine

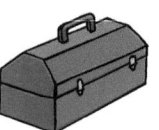

instrumentu kaste

gereedschapskoffer

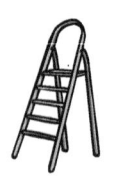

kāpnes

ladder

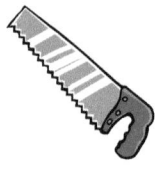

zāģis

zaag

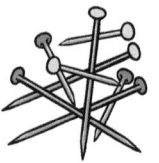

naglas

spijkers

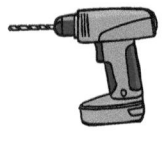

urbis

boormachine

remontēt
....
repareren

lāpsta
....
schop

Velns!
....
Verdomme!

liekšķere
....
blik

krāsas bundža
....
verfpot

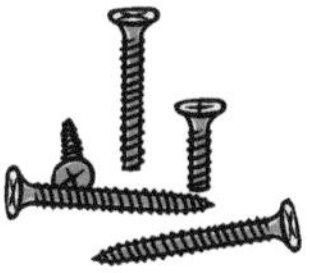

skrūves
....
schroeven

mūzikas instrumenti
muziekinstrumenten

skaļrunis
luidspreker

bungas
drumstel

ģitāra
gitaar

kontrabass
contrabas

trompete
trompet

klavieres
....
piano

vijole
....
viool

bass
....
basgitaar

timpāni
....
pauk

bungas
....
trommels

digitālās klavieres
....
keyboard

saksofons
....
saxofoon

flauta
....
fluit

mikrofons
....
microfoon

mūzikas instrumenti - muziekinstrumenten

zooloģiskais dārzs

zoo

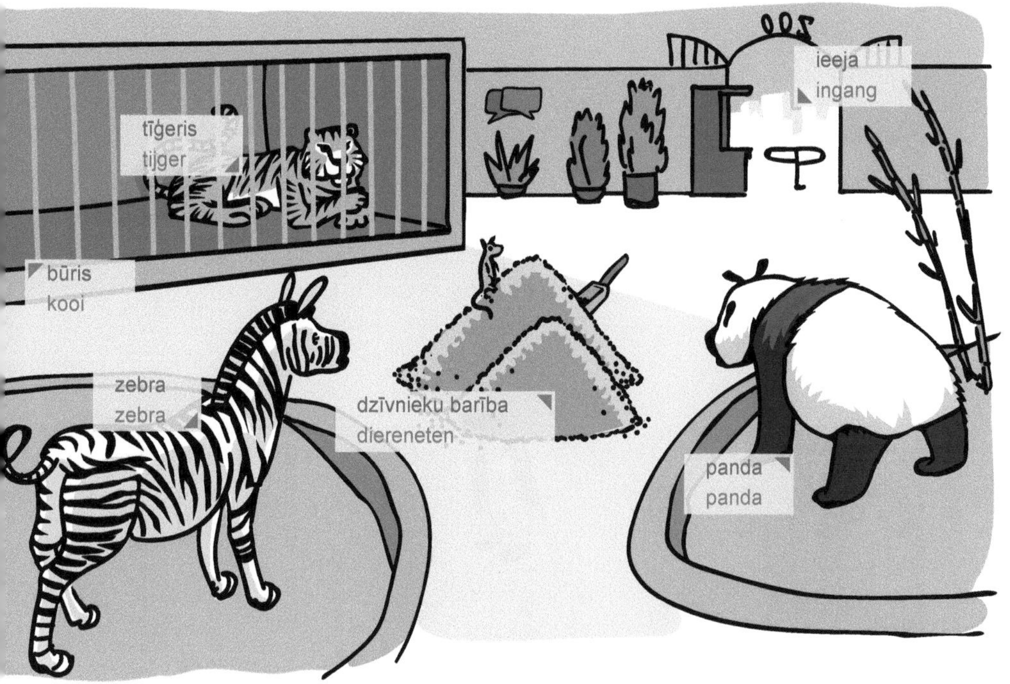

ieeja
ingang
tīģeris
tijger
būris
kooi
zebra
zebra
dzīvnieku barība
diereneten
panda
panda

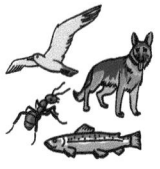

dzīvnieki

dieren

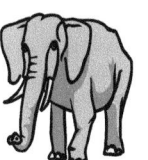

zilonis

olifant

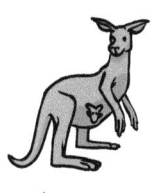

ķengurs

kangoeroe

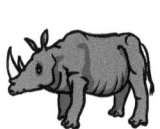

degunradzis

neushoorn

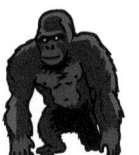

gorilla

gorilla

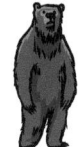

lācis

beer

kamielis

kameel

strauss

struisvogel

lauva

leeuw

pērtiķis

aap

flamings

flamingo

papagailis

papegaai

polārlācis

ijsbeer

pingvīns

pinguïn

haizivs

haai

pāvs

pauw

čūska

slang

krokodils

krokodil

zoodārza sargs

dierenverzorger

ronis

zeehond

jaguārs

jaguar

ponijs
pony

leopards
luipaard

nīlzirgs
nijlpaard

žirafe
giraffe

ērglis
adelaar

meža cūka
wild zwijn

zivs
vis

bruņurupucis
zeeschildpad

valzirgs
walrus

lapsa
vos

gazele
gazelle

amerikāņu futbols
rugby

riteņbraukšana
wielrennen

teniss
tennis

basketbols
basketbal

peldēšana
zwemmen

bokss
boksen

hokejs
ijshockey

futbols
voetbal

badmintons
badminton

vieglatlētika
atletiek

rokas bumba
handbal

slēpošana
skiën

polo
polo

lēkt
springen

smieties
lachen

apskaut
knuffelen

iet
wandelen

dziedāt
zingen

sapņot
dromen

lūgt
bidden

skūpstīt
kussen

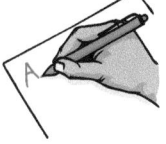

rakstīt

schrijven

zīmēt

tekenen

rādīt

tonen

spiest

duwen

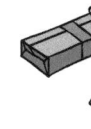

dot

geven

ņemt

nemen

būt
hebben

darīt
doen

būt
zijn

stāvēt
staan

skriet
lopen

vilkt
trekken

mest
gooien

krist
vallen

gulēt
liggen

gaidīt
wachten

nest
dragen

sēdēt
zitten

uzģērbt
aankleden

gulēt
slapen

pamosties
ontwaken

skatīties	raudāt	glāstīt
kijken naar	wenen	aaien

ķemmēt	runāt	saprast
kammen	praten	begrijpen

jautāt	dzirdēt	dzert
vragen	luisteren	drinken

ēst	sakārtot	mīlēt
eten	opruimen	houden van

vārīt	braukt	lidot
koken	rijden	vliegen

burot

zeilen

rēķināt

rekenen

lasīt

Lezen

mācīties

leren

strādāt

werken

precēties

trouwen

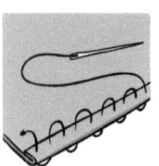

šūt

naaien

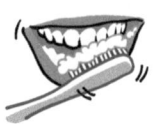

tīrīt zobus

tandenpoetsen

nogalināt

doden

smēķēt

roken

sūtīt

sturen

vecāmāte
grootmoeder

vectēvs
grootvader

tēvs
vader

māte
moeder

mazulis
baby

meita
dochter

dēls
zoon

viesis

gast

tante

tante

onkulis

oom

brālis

broer

māsa

zus

ķermenis

lichaam

piere
voorhoofd
acs
oog
plecs
schouder
pirksts
vinger
seja
gezicht
zods
kin
roka
hand
kāja
been
krūtis
borst
roka
arm

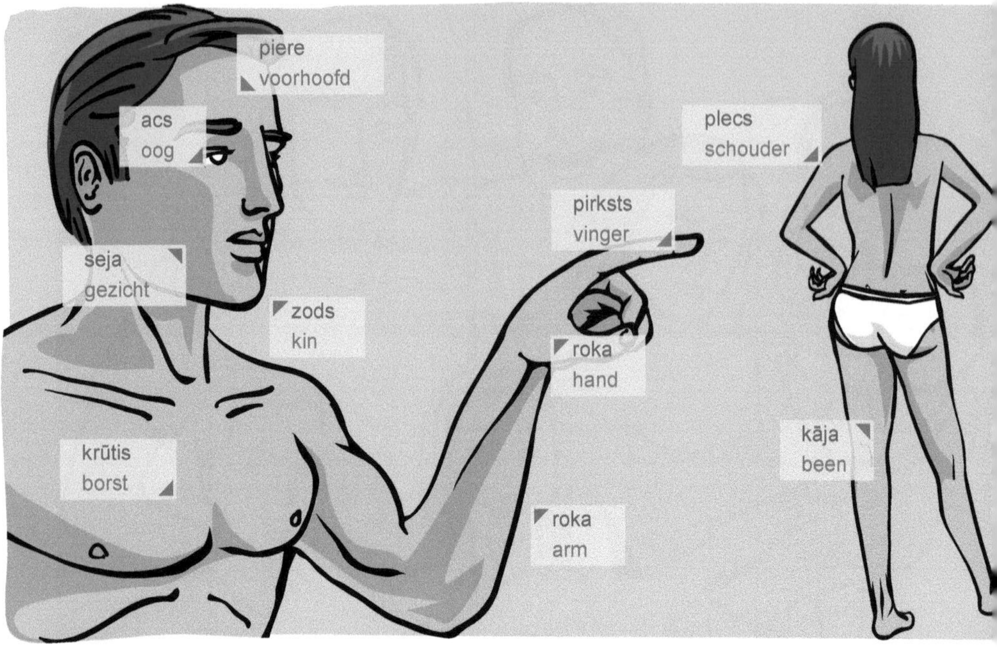

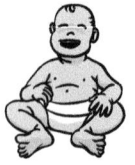

mazulis

baby

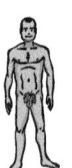

vīrietis

man

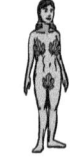

sieviete

vrouw

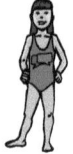

meitene

meisje

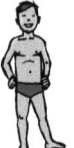

zēns

jongen

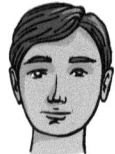

galva

hoofd

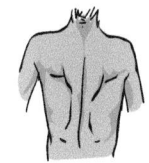

mugura

rug

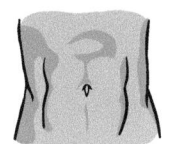

vēders

buik

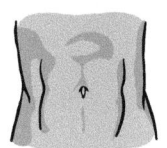

naba

navel

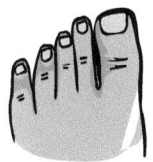

kājas pirksts

teen

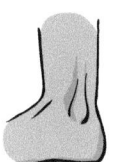

papēdis

hiel

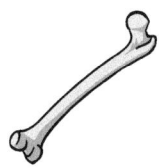

kauls

bot

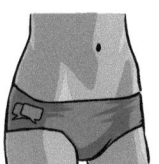

gurns

heup

celis

knie

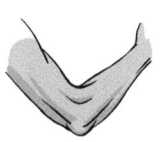

elkonis

elleboog

deguns

neus

dibens

zitvlak

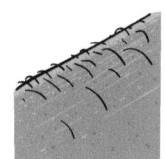

āda

huid

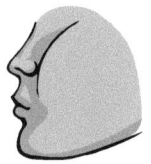

vaigs

wang

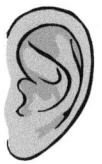

auss

oor

lūpa

lip

mute

mond

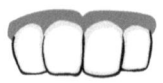

zobs

tand

mēle

tong

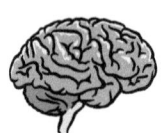

smadzenes

hersenen

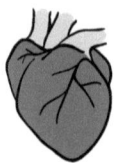

sirds

hart

muskulis

spier

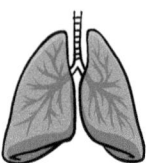

plaušas

long

aknas

lever

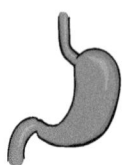

kuņģis

maag

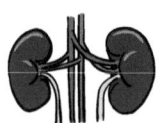

nieres

nieren

dzimumakts

seks

kondoms

condoom

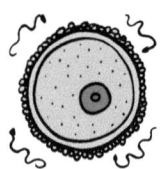

olšūna

eicel

sperma

sperma

grūtniecība

zwangerschap

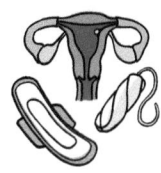

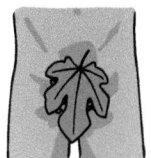

menstruācijas	vagīna	penis
menstruatie	vagina	penis

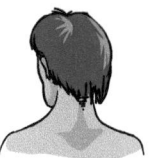

uzacs	mati	kakls
wenkbrauw	haar	nek

slimnīca
ziekenhuis

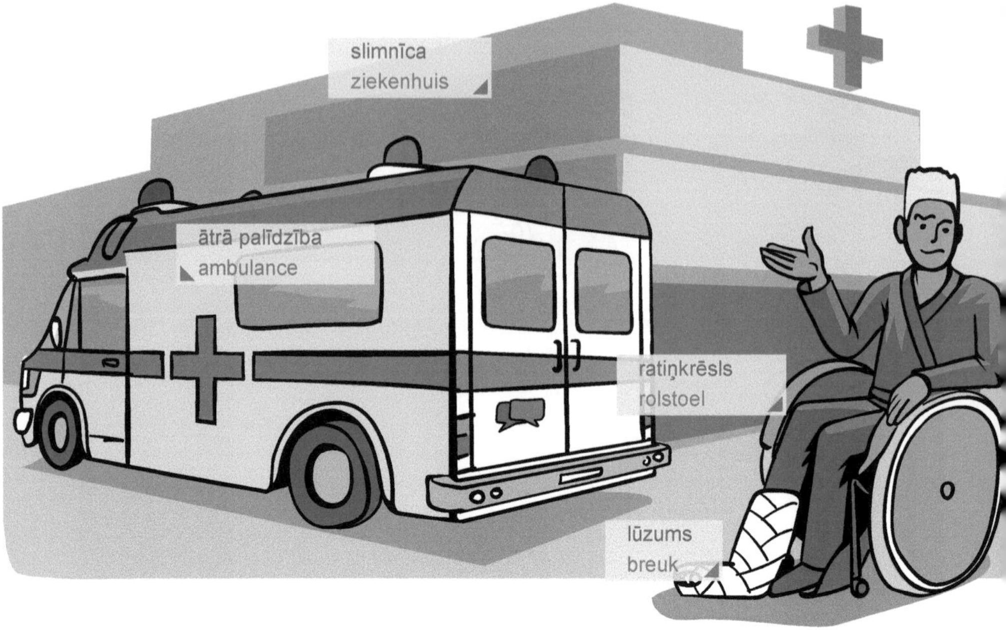

slimnīca
ziekenhuis
ātrā palīdzība
ambulance
ratiņkrēsls
rolstoel
lūzums
breuk

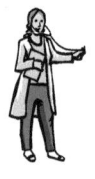

ārsts

dokter

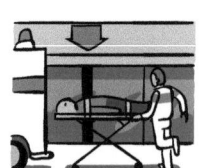

neatliekamās palīdzības nodaļa

spoed

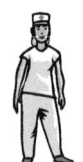

medmāsa

verpleegkundige

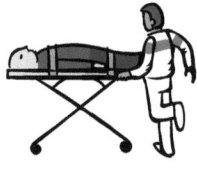

ārkārtas gadījums

noodgeval

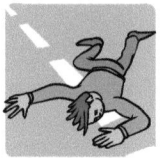

paģībis

bewusteloos

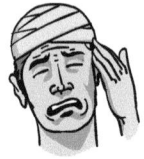

sāpes

pijn

ievainojums

verwonding

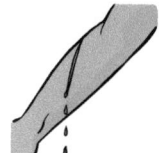

asiņošana

bloeding

sirdslēkme

hartaanval

insults

beroerte

alerģija

allergie

klepus

hoest

temperatūra

koorts

gripa

griep

caureja

diarree

galvassāpes

hoofdpijn

vēzis

kanker

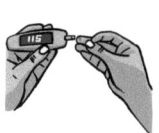

diabēts

diabetes

ķirurgs

chirurg

skalpelis

scalpel

operācija

operatie

datortomogrāfija

CT

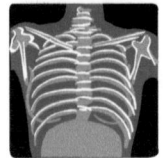

rentgents

röntgenstraal

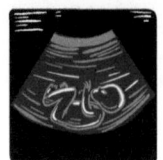

ultraskaņa

ultrageluid

sejas maska

gezichtsmasker

slimība

ziekte

uzgaidāmā telpa

wachtkamer

kruķis

kruk

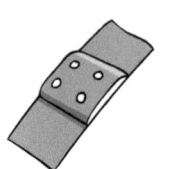

plāksteris

pleister

apsējs

verband

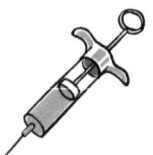

injekcija

injectie

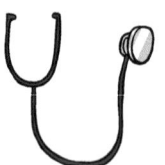

stetoskops

stethoscoop

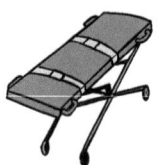

nestuves

brancard

termometrs

thermometer

dzemdības

geboorte

liekais svars

overgewicht

dzirdes aparāts

hoorapparaat

dezinfekcijas līdzeklis

ontsmettingsmiddel

infekcija

infectie

vīruss

virus

HIV / AIDS

HIV / AIDS

zāles

medicijn

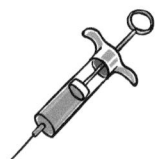

pote

vaccinatie

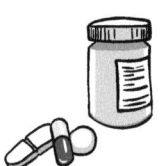

tabletes

tabletten

pretapaugļošanās tablete

pil

ārkārtas izsaukums

noodoproep

asinsspiediena mērītājs

bloeddrukmeter

slims / vesels

ziek / gezond

Palīgā!
Help!

uzbrukums
overval

uzbrukums
aanval

bīstamība
gevaar

avārijas izeja
nooduitgang

Uguns!
Brand!

ugunsdzēšamais aparāts
brandblusser

negadījums
ongeval

pirmās palīdzības aptieciņa

EHBO-kit

SOS
SOS

policija
politie

Eiropa

Europa

Ziemeļamerika

Noord-Amerika

Dienvidamerika

Zuid-Amerika

Āfrika

Afrika

Āzija

Azië

Austrālija

Australië

Atlantijas okeāns

Atlantische Oceaan

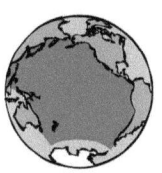

Klusais okeāns

Stille Oceaan

Indijas okeāns

Indische Oceaan

Dienvidu okeāns

Antarctische Oceaan

Ziemeļu ledus okeāns

Arctische Oceaan

Ziemeļpols

Noordpool

Dienvidpols
Zuidpool

Antarktika
Antarctica

zeme
aarde

zeme
land

jūra
zee

sala
eiland

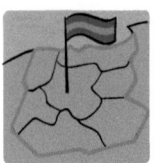

nācija
natie

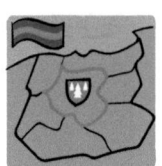

valsts
staat

ciparnīca

wijzerplaat

stundu rādītājs

uurwijzer

minūšu rādītājs

minuutwijzer

sekunžu rādītājs

secondewijzer

Cik ir pulkstenis?

Hoe laat is het?

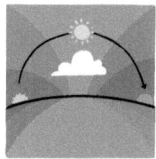

diena

dag

laiks

tijd

tagad

nu

digitālais pulkstenis

digitale horloge

minūte

minuut

stunda

uur

nedēļa
week

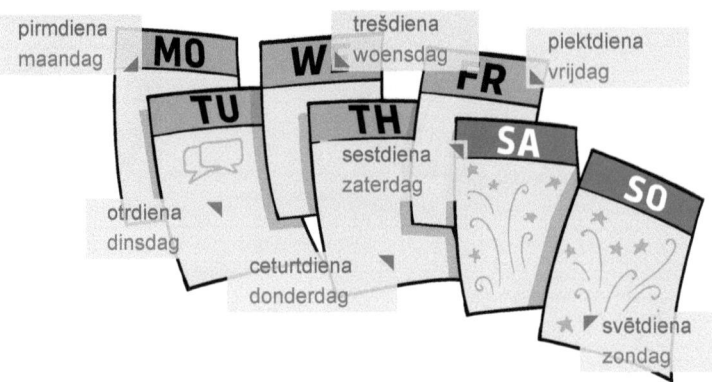

pirmdiena
maandag

trešdiena
woensdag

piektdiena
vrijdag

sestdiena
zaterdag

otrdiena
dinsdag

ceturtdiena
donderdag

svētdiena
zondag

vakardien

gisteren

šodien

vandaag

rītdien

morgen

rīts

ochtend

pusdienlaiks

middag

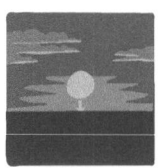

vakars

avond

MO	TU	WE	TH	FR	SA	SU
1	2	3	4	5	6	7
8	9	10	11	12	13	14
15	16	17	18	19	20	21
22	23	24	25	26	27	28
29	30	31	1	2	3	4

darbadienas

werkdagen

MO	TU	WE	TH	FR	SA	SU
1	2	3	4	5	6	7
8	9	10	11	12	13	14
15	16	17	18	19	20	21
22	23	24	25	26	27	28
29	30	31	1	2	3	4

brīvdienas

weekend

gads
jaar

lietus
regen
varavīksne
regenboog
sniegs
sneeuw
vējš
wind
pavasaris
lente
rudens
herfst
vasara
zomer
ziema
winter

4.APRIL 11°
5.APRIL 4°
6.APRIL 13°
7.APRIL 8°
8.APRIL 10°

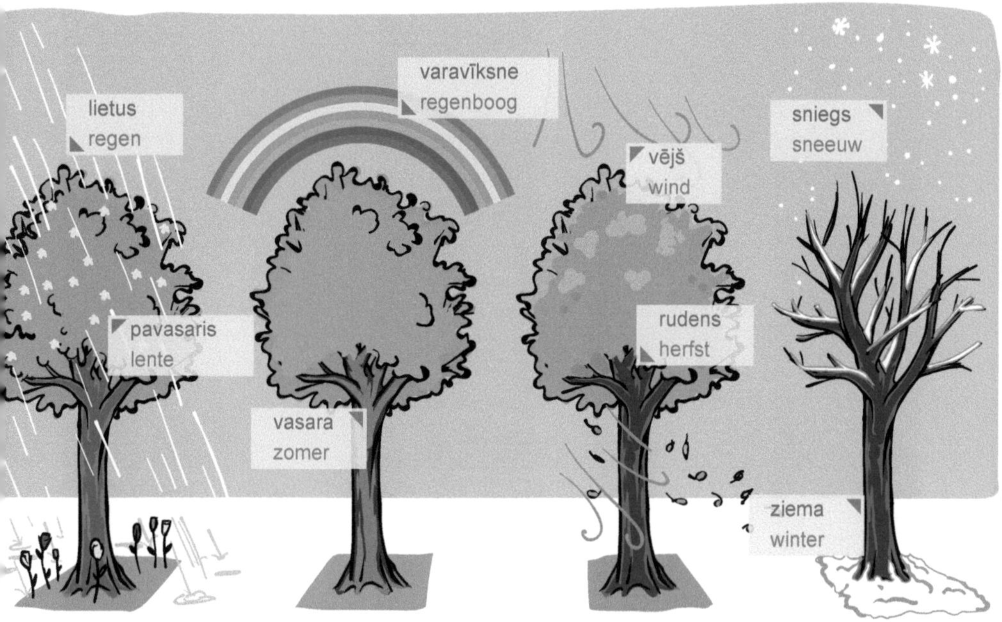

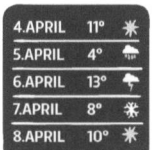

laika prognoze

weervoorspelling

F C
120 40
90 30
60 20
30 10
0 0
-30 -10
-20

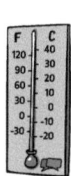

termometrs

thermometer

saules gaisma

zonneschijn

mākonis

wolk

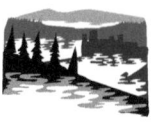

migla

mist

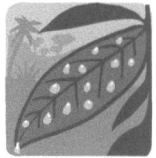

gaisa mitrums

vochtigheid

zibens

bliksem

pērkons

donder

vētra

storm

krusa

hagel

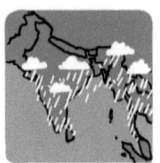

musons

moesson

plūdi

overstroming

ledus

ijs

janvāris

januari

februāris

februari

marts

maart

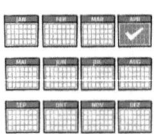

aprīlis

april

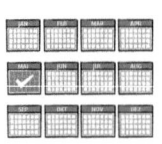

maijs

mei

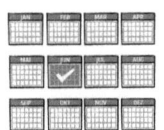

jūnijs

juni

jūlijs

juli

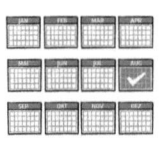

augusts

augustus

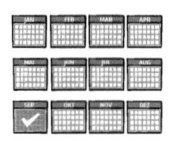

septembris
....
september

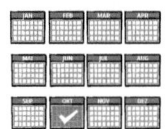

oktobris
....
oktober

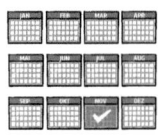

novembris
....
november

decembris
....
december

aplis
....
cirkel

kvadrāts
....
kwadraat

četrstūris
....
rechthoek

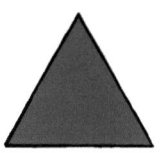

trīsstūris
....
driehoek

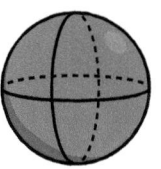

lode
....
bol

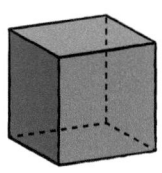

kubs
....
kubus

balts

wit

dzeltens

geel

oranžs

oranje

sārts

roze

sarkans

rood

lillā

paars

zils

blauw

zaļš

groen

brūns

bruin

pelēks

grijs

melns

zwart

daudz / maz

veel / weinig

saniknots / miermīlīgs

boos / kalm

skaists / neglīts

mooi / lelijk

sākums / beigas

begin / einde

liels / mazs

groot / klein

gaišs / tumšs

licht / donker

brālis / māsa

broer / zus

tīrs / netīrs

proper / vuil

pilnīgs / nepilnīgs

volledig / onvolledig

diena / nakts

dag / nacht

miris / dzīvs

dood / levend

plats / šaurs

breed / smal

baudāms / nebaudāms

eetbaar / oneetbaar

nikns / laipns

kwaadaardig / vriendelijk

satraukts / garlaikots

opgewonden / verveeld

resns / tievs

dik / dun

pirmais /pēdējais

eerst / laatst

draugs / ienaidnieks

vriend / vijand

pilns / tukšs

vol / leeg

ciets / mīksts

hard / zacht

smags / viegls

zwaar / licht

izsalkums / slāpes

honger / dorst

slims / vesels

ziek / gezond

nelegāls / legāls

illegaal / legaal

inteliģents / dumjš

intelligent / dom

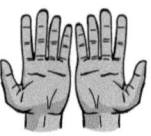

kreisais / labais

links / rechts

tuvu / tālu

dichtbij / veraf

jauns / lietots

nieuw / gebruikt

nekas / kaut kas

niets / iets

vecs / jauns

oud / jong

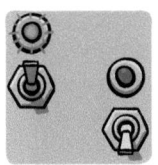

ieslēgts / izslēgts

aan / uit

atvērts / slēgts

open / dicht

kluss / skaļš

stil / luid

bagāts / nabags

rijk / arm

pareizi / nepareizi

juist / fout

raupjš / gluds

ruw / glad

noskumis / laimīgs

droevig / blij

īss / garš

kort / lang

lēns / ātrs

traag / snel

slapjš / sauss

nat / droog

silts / vēss

warm / koud

karš / miers

oorlog / vrede

skaitļi
cijfers

0

nulle

nul

1

viens

één

2

divi

twee

3

trīs

drie

4

četri

vier

5

pieci

vijf

6

seši

zes

7

septiņi

zeven

8

astoņi

acht

9

deviņi

negen

10

desmit

tien

11

vienpadsmit

elf

12

divpadsmit

twaalf

13

trīspadsmit

dertien

14

četrpadsmit

veertien

15

piecpadsmit

vijftien

16

sešpadsmit

zestien

17

septiņpadsmit

zeventien

18

astoņpadsmit

achtien

19

deviņpadsmit

negentien

20

divdesmit

twintig

100

simts

honderd

1.000

tūkstotis

duizend

1.000.000

miljons

miljoen

angļu

Engels

amerikāņu angļu

Amerikaans Engels

ķīniešu mandarīnu valoda

Chinees (Mandarijn)

hindi

Hindi

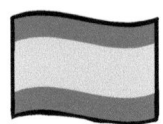

spāņu

Spaans

franču

Frans

arābu

Arabisch

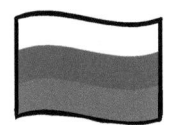

krievu

Russisch

portugāļu

Portugees

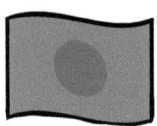

bengāļu

Bengali

vācu

Duits

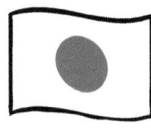

japāņu

Japans

es

ik

tu

u

viņš / viņa

hij / zij / het

mēs

wij

jūs

u

viņi / viņas

ze

kas?

wie?

ko?

wat?

kā?

hoe?

kur?

waar?

kad?

wanneer?

vārds

naam

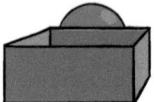

aiz

achter

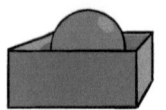

iekšā

in

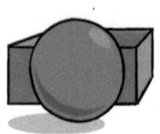

priekšā

voor

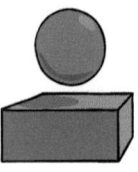

virs

boven

uz

op

zem

onder

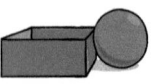

blakus

naast

starp

tussen

vieta

plaats